AF279711

EL ESPEJO DEL TIEMPO

Primera edición,
marzo 2024

© Juan Miguel Esteban Redondo

Obra coordinada por
Opera Prima

C/ Espejo, 10
28013 Madrid
Tels. 91 559 29 49 / 696 57 01 31
operaprima@operaprima.es
www.operaprima.es

Maqueta: Fabia Marcos González

ISBN: 978-84-9946-414-5
Depósito legal: M-7448-2024

Impreso en España

EL ESPEJO DEL TIEMPO

JUAN MIGUEL ESTEBAN REDONDO

Opera Prima

Para Carla y Alonso

El Nihilista

Quiero entenderte, camarada,
pues todo me parece una farsa.

Prefiero el sinsentido de la nada
que la esperanza falsa.

Un mundo de razonables dudas
a uno pleno de locos dogmas.

Luchar contra la mentira
que no lidiar con la verdad impuesta.

La vida

¿Qué es la vida, amigo mío?
Hastío sinsentido
azaroso devenir,
preguntas sin resolver
y huellas para seguir.

Eterno fluir de
hojas sin caer.

Ligero papel
sin terminar de escribir.

Momentos I

Intruso de sí mismo
autómata sin rumbo.
¿Dónde está la meta
si no encuentras el camino?

Espectro a la deriva
navegante taciturno.
¿Dónde está el punto
si no se ve la senda?

Momentos II

Oscuro acontecer,
evocación pretérita
y sueños a medio hacer.

Esperanzas truncadas,
doliente melancolía
y viejas ilusiones aparcadas.

¿Dónde vas, mi viejo amigo?
¿Dónde vas si no hay salidas?

El tiempo

Ausencia sin miedo
discurre como el viento
y alarga sus dedos como el otoño
las hojas del suelo.
Vuela sin alas
y afila sus garras.

Quieto y solitario
eterno rival de la vida
juez y parte.

Súbito acontecer
de memorias presentes
existencias sin pasado.
Lejos y permanente
dormita su anochecer
vibra en el horizonte
y susurra al amanecer.

Te busco

Sediento como el náufrago
entre la soledad del gentío
y el grito solitario de la noche.

Atormentado como el poeta
entre mil almas vividas
y el frío amanecer del día.

Ebrio como el amante
entre el vacío de las sombras
y el sueño febril de la locura.

Desesperado con el deseo ardiente
de tomarte entre mis brazos
y detener el tiempo eternamente.

Así te busco…
como la nada a lo imposible
como el recuerdo a la nostalgia.

Condenado y preso.

Decadencia

Triste y lánguida mirada
de quien algo creyó ser y
aún se mira esperando no ser
quien es.

Denodada resistencia al tiempo
y ajadas cicatrices de la vida
que no se quieren ver.

Secretas esperanzas
de rostros ocultos
y efímeros anhelos
de cuerpos desgastados.

Morfinómano gusto
por el consumo de
edulcorantes para la vejez.

Desesperanza

Ahogado en la inmundicia de su crisálida
[intermitente,
reo del mundo y de sí mismo,
se dirige firme hacia el abismo
escoltado por los demonios de su mente.

Vigilado por una masa informe,
asediado por el espectro del miedo,
las cadenas de la realidad le aprietan
y el tiempo se agota.

La existencia se le apaga
en el pensamiento y el fuego de la vida,
como un hachón ardiendo, ya sin aliento,
se consume parsimonioso y lento.

La Sociedad

Enjambre y panal
telaraña donde medrar
urdimbre para el tejer y
redes donde pescar.

Ser o estar

No existe nada genuino
ni tampoco la ingenuidad,
sólo derramadas existencias
germinadas al azar.

Alumbramientos oscurecidos
por el tiempo y la maldad.

El camino

He andado mucho
a lo largo del camino,
hasta que no pensé
en el destino,
caminé firme y decidido.
Cuando reflexioné
sobre el final
pensé en volver atrás.

Cuando me di cuenta
de que no era posible retornar,
busqué argumentos
para seguir.
Cuando tuve argumentos
me falló la voluntad.

Adiestrado finalmente
en el arte del querer
y del poder.
Acabé de nuevo
donde empecé.

Amor y estupidez

Sólo el amor y la estupidez
son capaces de trascender,
pues más allá de cualquier
tiempo y lugar
sólo ambos son capaces
de abarcar
todo el espectro de la eterna
dramaturgia de la realidad.

La risa

Sólo tu risa y no otra cosa,
mucho más que tu forma
de hablar, de callar
o de llorar
me hará saber
si estoy ante la jovial
espontaneidad
de un espíritu
bondadoso y alegre o
ante el triste carácter
de un alma
estúpida y vulgar.

Dogma

Salvífico madero
de náufrago.
Clavo ardiendo,
a ti me aferro a sangre y fuego.

Consuelo balsámico,
libre de toda duda
inmune a la razón.

Sueños inducidos

23

He visto amanecer dos soles.
He visto desfilar muertos vivientes
entre los pasillos de un hospital.

Me he visto reflejado
en el ojo de un dragón,
y finalmente...,
he visto dos soles
al atardecer.

Historia

Oh, dulce y bella Clío,
musa de la Historia,
hija de Zeus y Mnemósine,
del poder y la memoria.

No dejes que quien opine
invocando tu nombre en vano
haga cambiar el rumbo
de tu noria.

Coronada de laureles,
levanta claro y alto
el sonido verdadero
del tiempo
haciendo honor
al gran Tucídides.

Impresiones urbanas

Sórdidos interiores y
soledades congeladas
tras las lágrimas
de los cristales.
Fuera..., el viento frío
levanta las hojas y
agita los carteles.

Apenas se oyen
los repetidos chispazos
de las luces de neón y
el deslizante rodar
de los coches sobre
el asfalto mojado.

El suicida

Si la vida no tiene sentido
¿qué sentido tiene seguir viviendo?

La lucidez del pensamiento,
a veces, alumbra tenebrosas conclusiones.

Paradojas existenciales que
contradicen nuestro libre albedrío,
desde el gesto imperativo de vivir
hasta el involuntario de morir.

¿Hasta dónde he de vivir?
¿Cómo he de morir?
¿Por qué si no decidí vivir
tengo que acarrear con el peso
de mi vida?

¿Es morir voluntariamente
un acto de valentía
igual que el de vivir o
es quizá una cobardía?

La duda

27

Nadie te quiere,
todos te huyen,
algunos te miran
y pocos te admiran.

Estulticia programada

Sainetes y chascarrillos.
Famoseo televisivo
del lumpen mediático.

Lugares comunes
de la vulgaridad
destructiva
diseñados para
el secuestro cognitivo.

Ignorancia

Del semillero donde
germina la ignorancia
brotan plantas enfermas
que contagian como
una plaga al resto.

La culpa no es de la planta
sino de quien la planta.

Pensar

Nadie puede escapar
del pensamiento
aunque haga daño...,

y, sin embargo,
no se puede salir del
pensamiento
sino pensando.

El tedio

A veces el tiempo
se me escapa
y me devora.
Se desplaza silente
y me engulle feroz.

Abandonado sin pudor,
como presa sin defensa
me consume...

Pasiva resistencia
entregada a la molicie.

Inútil espera.

Niña

No puedo recordarte
sin sentir inevitablemente
ganas de llorar.

Llorar de nostalgia
llorar tu infancia.
Llorar de melancolía
llorar el paso del tiempo
y tu lejanía.

Llorar las tierras sin ver
y aquellas por descubrir.
Llorar tus penas
y también tus alegrías.

Llorarte es mi forma
de no olvidarte.

Las manos del campesino

Las manos del campesino
son amables, austeras
y sinceras.

Las manos de un campesino
son tiernas y orgullosas.

Dame la mano de un campesino
y te diré cómo es la tierra.
Feraz, si es vigorosa,
fuerte y ancha,
yerma, si es suave y delicada.

La mano de un campesino
dice más que mil palabras
y vale tanto como la ley.
Es horada y no miente porque
la mano de un campesino...
es clara, como la verdad
de la simiente.

El loco

Pobre lunático,
inadaptado
en un mundo loco.

Donde la gente
utiliza la mente por defecto
tú lo haces por exceso.
He ahí tu ruina.

Tú..., que eres
el mejor razonador,
el más lógico
y más cuerdo.

A la música

35

Sonido encadenado,
emoción contenida
y súbito arrebato.

Disparos en el vacío
y sostenidos garabatos
que detienen el tiempo
y atrapan el espacio.

El interior de la mente

Sonidos sordos y
ruidos extemporáneos
en los límites informales
de la sonoridad.

Zumbidos enloquecidos
de mentes desgastadas
y batir de tambores
en retirada.

Silencios

Calmantes vitriólicos
para mentes inquietas.

Sardónicos sedantes
para ajedrecistas
y existenciales caricaturas
de retratista.

Tensas esperas,
tiempos muertos
y afónicas locuras.

Ser algo

No me mires, no dudes,
no camines...
No hagas, no digas,
no poseas, no llores;
no creas, no sonrías.

Si quieres ser algo,
intenta no ser nada.

112. Urgencias

Sórdida estampa nocturna
de la ciudad liminar.

Entre el sueño y la vigilia,
entre la salud y la enfermedad.

El perro

No escribo por placer,
no te engañes.
No culpes mi cinismo,
lo hago por rabia y por necesidad.

No puedo evitarlo
como el perro no puede evitar morder.
Como el perro: muerdo, jugueteo,
agredo y me orino
al pie de la estatua de Hércules
si es menester.

Pero lo hago sin querer
como ese perro que
no puede evitar morder.

Erik Satie

41

Escucho a Satie
y sus evocaciones existenciales.

Sugestiones reales de un tiempo humano
donde se aúna el pasado y el presente.

Viaje profundo al interior del alma
tan lejos como te deje la mente
en el vapor de las notas de un piano.

El día

Tengo tantas coronas, victorias
y laureles como el que más.
Derrotas, fracasos y decepciones,
tantas o muchas más.

Claros y oscuros del espectro existencial
viviendo a tientas y a locas
siempre en el umbral.

Sólo, asomado al quicio del fangal,
el mundo va perdiendo color, textura y
[sabor,
acarreando la vida,
tirando de ella con desgana.

No hay clarines ni fanfarrias al despertar,
nadie espera tu saludo
ni tú quieres saludar.

Celestes, grises, nubosos,
soleados, fríos o lluviosos,
monótonos escenarios del teatrillo diario.

Se apagan las luces, nadie aplaude,
te recoges en la quietud y la soledad
de la nocturnidad.

Mueres y revives,
y vuelves a empezar.

El odio

Existen odios a fuego lento.
Odios viscerales, repentinos y violentos.
Odiosas pasiones y odios pasionales.

Odios singulares, odios permanentes.
El odio por amor al arte y
quien te odia por no quererte.

Quien odia para amarse a sí mismo
y así vencer a la muerte.

Palabras

Decidme cuántas palabras son capaces
de cambiar el mundo.

Cuántas son capaces de detenerlo.
Puede que sean muchas o ninguna,
quizá no haya suficientes para saberlo.

Entonces, ¿para qué sirven las palabras?
Sólo para construir mundos nuevos.

Nombres

Proyecciones parentales sin permiso.
Voces externas de identidad
y configuraciones especulares
de sí mismo.

Oír tu nombre a un
desconocido
es reconocer que aún
sigues vivo.

Mis palabras

Mis palabras son huecas.
Piedras mudas en el eco
del tiempo.

Mis palabras son la efímera
liturgia de un juego.
El gesto de un pensamiento.

¿Es el decir vivir?

Oh, ¿cómo será el mundo
cuando mis ojos no vean
y el árbol me sobreviva
más allá de mis palabras?

Identidades proscritas

Necrológicas de una piel
sin tatuaje.
Cronologías de un atestado
sin sello ni pasaporte,
Anatomía de un desastre
sin cuerpo.

Son piedras desnudas,
testigos sin equipaje.

Sin cuerdas, ni guías
ni sogas de amarre.

El camino inverso

¡¡¡Cuántos inviernos!!!
¿Cuántos llevas dentro?
En la memoria de tu piel
y en la rosa de los vientos.

El aire de un soneto
no es igual aquí y ahora
que en otros tiempos.
Tampoco el mundo es lo que era.

Vemos por los ojos
de nuestros padres
hasta que mueran
las incisiones profundas
en la arcilla de nuestra esquela.

Y nunca sabremos
si el efímero tañido del vuelo
fue malo o bueno.

Irse no es más que volver
de donde viniste,
recorrer el camino inverso
y sentir de nuevo
el olor del pueblo.

El fuego

Crepitan los sueños en las astillas
del corazón frente al fuego que arde
en mi interior.
Son los rescoldos de la hoguera permanente
del alma humana.

En la penumbra, las sombras se proyectan
misteriosas y atávicas como reminiscencias
de un mundo anterior que vuelan
como pavesas movidas por el viento.

Es el humo lejano de una vieja lumbre en el
                                    [tiempo.
Es el calor de una llama de luz
en el gélido corazón del hombre
y en las cenizas se me descubre la muerte.

El sueño del abismo

No es una sensación física sino mental.
No es el temblor del frío sino del abismo.

Son las convulsiones de un viaje inesperado,
y el delirio provocado por
el sueño inoportuno de la muerte.

El sentir que se escapa el alma a través de
una singularidad del universo,
en el precipicio de un vacío.

Y el horror de un grito sordo que se ahoga
en sí mismo como una mancha en la orilla
del tiempo.

Edad Media

Aquellas notas a pie de página de
un invierno que galopaba sobre
la hierba fresca eran las glosas
de un texto inacabado en el núbil escapulario
de un rostro de dos caras.

Ellos creían vivir para contarlo, pero al
sutil relicario del camino
se le resistían las conciencias.

Como dos fuerzas enfrentadas
no hubo quebradas en el valle,
ni breviario, ni martirio ni rosario que valgan.

No había nada salvo el lánguido y lineal
discurrir del tiempo en torno a un fetiche.

Nada

No soy nada salvo la distancia del hilo
invisible que separa mis ojos de la realidad.

La lábil huella de una pisada en la arena
de una playa abandonada.

Nada soy en el espejo de los otros.
No hay ventanas, ni rostros.
No me reconozco a mí mismo,
ni en la lengua roma y muda de
la herrumbre de un hacha enterrada.

Si supiera respirar la vida…,
leer el eco sordo del canto de las sirenas,
descifrar las luces mudas que hablan por no
                                        [callar
o desalojar el peso ingrávido de la ignorancia,
aún así, seguiría siendo nada.

La duda existencial

Amanece el día sin señales de vida y
las manos llenas de ilusiones perdidas.

Es la puerta abierta al vacío de
un territorio siempre desconocido,
la doliente servidumbre de un fracaso y
el torpe deambular de quien no sabe si salir
o entrar, ebrio de la duda de sí mismo.

Empujado a cruzar el umbral
ya no distingue si debe caminar
hacia delante o hacia atrás.

Presencia, ausencia y existencia
se diluyen en su mente,
y aún no ha decidido
si ponerse en pie o seguir dormido
                              [eternamente.

Resistencia

Fortaleza, tesón y coraje son la medida y
el umbral de su resistencia.

En una larga lucha sin cuartel consigo misma,
con su mente y con su cuerpo.

Armada de paciencia, combate contra
los elementos como aquella flota navegando
contracorriente... frente a
las recortadas costas de la pérfida Albión.

O arrostrando con el peso de
la incertidumbre, como aquellos héroes
antiguos en medio de la gran travesía
de un mundo ignoto.

Sólo el tiempo sabe el resultado final de
la contienda mientras tanto sólo cabe
seguir peleando con la firme determinación
y la esperanza de ganar el duelo.

Van Gogh

Atravesado por el dolor punzante del vacío
y el vértigo de su propio pensamiento.

Las flores rotas del destino dibujan
torbellinos que anidan en sus manos.

Habitaciones interiores de amarillo
cromo y de-lirios celestes de grandeza.

Anhelos de luz y tiempo en el cuerpo
tornasolado de un girasol y el grito
desaforado de un artista incomprendido.

De un profeta sin más discípulos
que su propio hermano.

Tus besos

No me cabe la vida en un verso
ni el amor en un estribillo.

No hay glosa ni estrofa
ni reverso para lo inefable.

No existe en el universo
memoria de poesía indeleble.

Ni oda, ni palabra, ni boca,
ni letra, ni lira, ni soneto.

No hay nada perdurable
salvo el ritual de tus besos.

Aquellas frías y oscuras mañanas

Aquellas frías y oscuras mañanas del
invierno no eran como los blancos
acantilados de Dover.

Ni siquiera como los suaves atardeceres
en los muelles del Sena
que yo bien recordaba.

Esquivo y furtivo me he ido escapando
para no caer en tus redes
o, peor aún, en las mías.

Pero sigo siendo hostigado por las Furias
sedientas de venganza que se van
deslizando como serpientes con
sus cuchillos y su látigo en tono de amenaza.

Ni siquiera sus antorchas iluminan
la oscuridad y las sombras del Érebo.

Y, mientras, vivo angustiado sabiendo que
el sino de nuestras vidas se va tejiendo
poco a poco en manos de las Parcas

en negros y dorados hilos a la espera
de que los corten de cuajo.

Cómo quieres…

¿Cómo quieres que llene tus brazos
si has abierto de par en par tus alas?

No me pidas dibujos ni señales en el trigo
o en la arena que el viento no emborrone
con sus garras.

Tus puños siguen cerrados.

Tus sueños son retazos de cristales
rotos en mis oídos.

Y en mis párpados pesan las heridas.

¿Cómo quieres, entonces, que llene
tus manos con el agua de mis caricias?

Robert Johnson

He conocido versiones más amables
del infierno.
Lúdicos lugares de desenfreno.
El *bourbon*, el *blues* y las mujeres.
Has cruzado la frontera, viejo.

En la encrucijada o en el cementerio
tocando tu guitarra.
27 años y 29 canciones.

Tu negra sangre recorre el delta.
Y tu música camina contigo.

De Louisiana a Memphis y
de Memphis a Chicago.

Aquellos lugares

62

Aquellos son lugares alejados llorando
a gritos en las ventanas del viento.

Ya no me llaméis como cuando era yo
porque ahora soy como el sonido
en las teclas de un piano mudo.

El tiempo se me ha ido esperando al tiempo
y no me devuelve lo que fue mío.

Busquemos, pues, en los lugares secretos
de la infamia la farsa de lo absurdo.

René Magritte

63

A través del espejo de la realidad,
vuelan pájaros traslúcidos sobre el mágico
sombrero de un autómata,
que confunde intencionadamente
las imágenes del mundo,
sus símbolos y sus palabras.

Mimetismo y megalomanía de un espacio
sin lugar para el pesado sueño de
una roca mirando al mar.

La espera

No tengo ojos para tus heridas ni tiempo
para tu memoria. Tengo prisa para que no
exista un antes después de ahora.

Y, sin embargo, el puñal de las agujas
negras destila su veneno a cuentagotas.

¿Y si mis palabras fueran vida
dónde hallar el antídoto de la muerte?

Jamás te escribiría…

Pues sólo en la espera
es posible la poesía.

Hay mañanas

Hay mañanas tan grises y,
sin embargo, tan alegres…

Mañanas primaverales de aceros
templados, mañanas pasajeras que
avanzan entre nubes quedas.

Frágiles y altivas esferas de tiempo que
te acunan como un amante tiernamente
entre sus brazos.

Que alumbran suaves caricias de un
viento verde que huele a hierba.

Mañanas pétreas sin corazón que
quieren porque son queridas.

La insatisfacción

Nunca quiso que fuera lo que fue.
Cuando fue…, quiso que fuera como
había querido, y cuando no fue como
quiso, dejó de querer que fuera.

Apenas sabía lo que creía saber pero,
a su manera, sabía que no quería
que supieran lo que no sabía.

Cuanto más cerca veía el final más
se aferró a la vida, y cuanto más quería vivir
tanto más se le hizo presente la muerte.

Pensando en ser, en querer y en saber,
finalmente…, ni quiso, ni supo, ni fue.

¿Qué soy?

¿Vivo ocultando un peligro
o es el sueño intranquilo
de una conciencia atormentada?

A veces, el subterfugio del autoengaño
me consuela, pues no quiero verme dueño
de mí mismo y miro para otro lado.

Y, sin embargo, sé que no soy sino
el pensamiento de un eterno instante
que hasta el día de la muerte vive
angustiado por la existencia de una
voluntad libre
que elige, que duda y se contradice.
¿Qué soy pues, realmente?

Sino la intersección entre
lo real y lo posible.

Nostálgicas

El vuelo sordo de una sombra.

Reliquias que pierden batallas.

Voces que se apagan y huyen cansadas.

El mundo se comprime, se estrecha
y se diluye.

Se enquista como un fósil en la eternidad
mientras el tiempo fluye.

Ajeno y desbocado, va dejando despojos
en la cuneta que giran y danzan sobre
sí mismos mientras se hunden.

Memorias

Aquellas férreas estampas de la memoria
se habían clavado en el alma
como el arado en la tierra.

Y fueron germinando como falsas
promesas en el tierno espíritu
de un terreno inmaduro.

Trampas del tiempo que como guardián
de la vida aúna el pasado en un presente
siempre futuro.

La prisión

Mi cárcel la construí yo mismo.

Mi mayor carcelero fue el miedo y
mi miedo más terrible era estar solo.

Pero solamente solo fui derribando
los muros de mi prisión.

En soledad aprendí a respirar entre
los barrotes de mi celda y a dejar volar…,
más allá de aquella jaula, la imaginación.

Sólo así…, solitario, pude abandonar las
rejas del penal, y olvidar
las penas de mi condena.

La vida

¿Qué pasa cuando el mundo
te resulta extraño?

Cuando has perdido la sintonía
con el devenir y has echado el ancla en
mitad de la tormenta.

¿Qué sucede cuando todo es espera porque
has perdido cualquier atisbo de esperanza?

Cuando te das cuenta de que nada es cierto,
salvo que eres el actor
de tu propio drama.

Cuando desvelas la mentira a un amigo,
y te rechaza por verse frente al abismo.

Cuando sientes la angustia de la nada y
vuelves a inventar razones para calmar el hastío.

Cuando descubres que, en realidad,
todo carece de sentido.

Todo, salvo seguir fingiendo.

La celda

Si nunca vas a quererme,
si nunca me has querido,
¿qué hago queriendo estar contigo?

Eres el centinela de la celda en la
que vivo y aún no sé si quiero
salir o quedarme dentro.

Eres el claro y estrecho horizonte de la
realidad a través de la que miro
frente al miedo a los márgenes difusos e
infinitos del universo.

He ahí el triste y desgarrador lamento de
quien vive libre y preso al mismo tiempo.

El extraño

Desde que nací soy un pasajero sin billete,
el polizón existencial de un mundo
de posibilidades perdidas.
La memoria rota de un espejo
de miradas efímeras.

Un nómada, un transeúnte,
un fugitivo en mitad del puente.

Huyendo de la ficción especular y
especulativa del teatro de la vida.

Náufrago abandonado a su suerte,
refugiado, navegante a la deriva.

Absorto en mitad de un engaño,
de una patraña, de un embuste
a la espera de que termine la travesía.

El amor suicida

Queriendo a la vida
no puedo quererte
pues solamente
en la medida
del suicida
que tras su suerte
mira la muerte
escondida

sin miedo
ni perfidia
ni consuelo

se puede querer
sin tener que vivir
muriendo.

Escaparse

Me he despertado lleno del vacío de
la existencia, con la necesidad de huir y
la urgencia de marchar antes
de que sea demasiado tarde.

De escapar apresuradamente del tedio,
de alejarme veloz de la mediocre cordura
de este tiempo.

Pero necesito saber con certeza lo que no
                              [quiero,
para creer firmemente en lo que deseo.

Y mientras en mis sienes retumba el eco
lejano del sosiego, el combate se libra en
mitad de un febril delirio a la espera del
definitivo descanso del guerrero.

Paranoia o esquizofrenia. Como si de
un impulso o un imperativo se tratara,
de lo infinito a lo efímero y de lo eterno
a lo perecedero, siempre presente el miedo.

He postergado la sentencia de mi juicio
por no estar seguro de si estoy loco o cuerdo.

Y entretanto, me pregunto
¿cuánto vale una vida?,
quizá sólo el precio del dolor.

Y sin dolor puede que todo sea posible,
hasta quedarse quieto sin dejar de
moverse, o incluso, escapar escondido
tras las palabras del lenguaje.

Cíborgs

Caminaban juntos lejos de cualquier lugar
dejando la misma distancia delante que
                                        [detrás.

Dibujando estelas sonoras a su paso,
entrelazados y recortados sobre el fondo
plano de la realidad.

Como autómatas que aman y lloran,
derramando lágrimas metálicas sobre
el rostro blanco de la melancolía.

Eran seres maquinales y ausentes
por el paso del tiempo.
Uno tirando del otro y el otro
dejándose llevar, en busca
de equilibrio y compañía.

Cerebros enlatados sin brújula navegando
a la deriva sin destino, ni meta ni misión.

Eran almas descompuestas por la historia,
parasitando en la débil energía que
desprendían entre sí.

Seres convertidos en cíborgs a la espera
de extinguirse en el cortocircuito general
de un apagón.

Intuiciones

Tengo cosas que decir
y no son palabras.
Silencios explicativos
y desnudas conjeturas.

Verdades que mueren nada más nacer
en el discurso romo
de la exhibición pública.

Sospechas sobre lo real,
ahogadas por el hedor
del prejuicio
y la fragancia sin olor
del arquetipo vacío.

La libertad

No hay salvas a mediodía
para condenar nuestra libertad
como tampoco para glorificar
nuestras cadenas,

porque en realidad,

no hay diferencia alguna.

Obsesiones

Obsesiones limitantes
y sueños obsesivos.
Pensamientos limítrofes
y pruebas liminares.

Prejuicios militantes
de ideas arraigadas,
en la frontera entre el paraíso y
el infierno de una mente contaminada.

Disfrutar, sufrir, padecer
o parasitar el mundo.

Oh, ¿cómo acomodar mi vida
a su existencia?

Hogares

Las llares de la lumbre
son costumbre en aquellos lares.
Pequeños continentes
de víveres y enseres.
Entre el adobe de las paredes
y las maderas del techo.
Entre el hollín y el humo.
Sitios que no son lugares,
sino fuegos encadenados
donde crepitan los hogares.

Senderos

Senderos sin palabras,
palabras sin destino,
diálogos del viento y
rumores en el camino.

Desandar las pisadas
olvidando las huellas
para empezar de nuevo.

Haciendo callar al silencio y
quitándole piedras al camino.

Recuerdos estivales

Matinales de chocolate en la comisura
de los labios y perezosas sobremesas
a plena luz del día.

Cuando aún los manteles vuelan y
las sábanas huelen a limpio.

Cuando las estanterías llenas de olores
rezuman colores en los vidrios viejos y
los pájaros de agua dejan en las fuentes
su reflejo dando paso a lánguidos atardeceres.

Cuando el calor del patio anuncia
la luna fresca y se asoman a la ventana
los luceros del gato.

Entonces…, las noches se hacen
tan cortas como eternas.

Efímeras y duraderas como la flor
del azahar bajo la atenta mirada
de las estrellas.

La plaza

De la plaza en la que vivo han
desaparecido los vecinos de antaño y
ha emigrado con su canto aflautado,
el pequeño autillo.

De la plaza en la que vivo han
desaparecido los sueños y las vidas
de los que viven, por las inertes vidas
de los que, agarrados a una botella,
duermen despiertos.

La plaza en la que vivo ya no es
la vieja plaza de balones perdidos
entre los alegres e infantiles gritos y
chillidos de la chiquillería.

La plaza ha cambiado incluso el tono,
su acento, su lenguaje y hasta el idioma.

La plaza en la que vivo no ha cambiado
conmigo, pero me recuerda que
ni siquiera yo ya soy el mismo.

La Alameda

Antes no le preguntaba al tiempo por qué
las frondosas alamedas respondían por sí
[solas.

Y, comparada con la mía, me resultaba
demasiado grande la vida de las cosas.

Hoy en día, con el paso de los años,
esas mismas cosas me parecen
más pequeñas, a la altura del alma
humana, pero aún así, me parecen
eternas y perpetuas.

Como el canto de los pájaros en primavera,
como los suaves y frescos atardeceres
de abril y mayo, o como el sonido nocturno
de las fuentes en verano.

Eternas y perpetuas…
como las viejas alamedas del parque
y sus respuestas.

Impresiones nocturnas

Sentir de repente que donde debería
haber algarabía reina un silencio
inesperado lo suficientemente largo
para escuchar sólo el eco de tu mente,
y poder deslizar tus pensamientos
en la serena quietud de una noche sin rumores.

Llenando lentamente el alma de vida y
ordenando las piezas del recuerdo.

En esos tibios y templados silencios
nocturnos que son capaces de detener
el tiempo.

Esos…, en los que la conciencia se aferra
firmemente al instante.

Mentiras

Todo es mentira.

La bondad de los hombres y la democracia,
la suerte de tener un amigo
o el amor de tu vida.

Es mentira la felicidad, el futuro,
las promesas y la sinceridad.

Mentira es creer a pies juntillas en
el paraíso y en los demás.

El progreso es mentira, los mitos y
la historia también son mentira.

No queda nada fuera del manto de
la mentira, ni la esperanza, ni la utopía.

La vida entera es una gran mentira que
pasa por verdad a fuerza de ser repetida.

La horas muertas

El acre sabor
de las horas muertas
desliza su puñal
de sospechas
sobre el retumbar silencioso
de las sienes.

Como advertencia
de la lengua oscura
de los dioses.
Húmedos efluvios
de nubes profundas
cargadas de incertidumbre.

Mientras el alma
atravesada por los días
supura por sus heridas
y la cabeza desnuda
se asoma al abismo
de las profundidades.

Solo

Sólo porque sí,
porque no lo sé,
porque quiero,
por negligencia o
por miedo.

Sólo por ego,
por ser como soy.
Sólo por eso,
y por eso…, solo.

O salgo de aquí
o de aquí no salgo.

La obsesión

Cuadrar el círculo
de una obsesión es
como doblar el tiempo
sobre sí mismo
intentando no ver
lo que ve cualquiera.

Levógira fantasía
de una mente que gira
sólo si el tiempo es olvido,
en un estéril esfuerzo
por racionalizar
la imposibilidad de un sueño.

Como el anhelo de una utopía
convertida en entelequia
que amenazante
cual quimera
sobrevuela el cielo.

La vida es un poema

La vida es un poema,
pues mientras escribo
estos versos
percibo el tiempo.

Si no los escribiera
estaría muerto.

Paradojas

Este es un mensaje
para pobres que, como yo,
nunca gozarán
de grandes riquezas:

Tan alto como puedas,
tan lejos como quieras,
no depende de lo que tengas
sino de lo que seas.

Podrán robarte hasta las ideas
pero nunca el talento.

Cuantas más cosas tengo,
más esclavo me siento,
y con el paso del tiempo
de cuantas más me desprendo
más aliviado me encuentro.

Las palabras olvidadas

¿A dónde van las palabras
que viajan sin ser escuchadas?
¿A dónde van los silencios
desesperados?

Esos pensamientos desnudos
y olvidados en el cajón
de los tiempos perdidos,
que, como pétalos de rosa
sobre el páramo yermo
de sueños imposibles,
son extendidos.

Quién sabe a dónde irán,
dónde encontrarán refugio.

Puede que no sean más que
castillos en el aire,
perlas perdidas en el limbo,
tinteros vacíos o
inertes puñales sin filo,
que a nadie importunan
mientras duerman
enterrados en la arena.

Palabras errantes,
ahogados silencios e
iracundos pensamientos
que quizás jamás
quieran ser escuchados.

El arma de la vida

He cruzado las vías del tren por el puente
de la vida y no hay bengalas en el cielo,
mientras…, sigo viviendo
disparando balas de fogueo.

He tratado de detener a punta de pistola
las promesas para frenar el tiempo, y
atravesarlo de parte a parte, abriendo
surcos en el suelo que, sin embargo,
han sido barridos por el viento del calendario.

El arma de la vida parece estar cargada
de pólvora mojada, y aún no sé si disparar
del cargador todas mis balas o
guardar alguna para mí mismo.

Tengo disparos al aire, muescas aquí y allá,
salvas de loor y triunfo, dejando
tras de sí tierra quemada.

Y si me preguntarais qué es la vida,
os diría que no es sino el juego del presente
dulce y envenenado de un arma
que siempre carga el diablo.

La ingenuidad o
el hombre que abrazaba a las secuoyas

Fugitivo del pasado
en la vía muerta
de la existencia,
se agarra como un satélite,
al longevo espíritu
de un gigante,
en busca de una salida
de emergencia.

Y aún no ha aprendido
que vive atrapado en sí mismo,
y que sólo las encías desnudas
del tiempo reconocen
las falsas promesas.

Aquellas promesas
a las que los brotes tiernos
que, como él, se aferran,
abriendo sus brazos feroces.

La estúpida embriaguez o
el hombre que abrazaba a las acacias

Zigzagueante entre el mobiliario urbano
transita y deambula como un espectro
el venerable y ungido bebedor.

Sujeto por los miserables grilletes de
su herrumbre, se abraza de cuando en
cuando a las sucias acacias de la urbe.

Santo beodo, Dios te bendiga…

Satisfecho impostor pagado de sí mismo,
la tuya no es, sin embargo, la lúcida
embriaguez que despierta a las musas
sino la que destapa el pútrido tufo
de un falsario y un perdedor.

Ese en el que, sin quererlo reconocer,
percibimos al fracasado que todos
llevamos dentro y que tú
exhibes sin pudor.

Loado seas por siempre santísimo
redentor clavado al madero de las acacias
para el perdón de nuestros pecados,
para el recuerdo de nuestro autoengaño,
y nuestras cínicas falacias.

El servilismo o
el hombre que abrazaba a las farolas

Ebrio de ignorancia y pletórico de
soberbia, pulula el necio por la ciudad,
como un polilla, abrazándose a las farolas y
su luz, en un intento ciego por apagar
a tientas y a locas su encendida oscuridad.

Abyecto y servil, danza enloquecido
al sol que más calienta, y cuanto más fuerte
es la luz del candil
más flaco y débil se muestra.

Rebelándose, sin embargo,
intransigente en su majadero esfuerzo
por extinguir a golpes de estupidez
la humilde y tenue luz que ilumina
cualquier atisbo de razón humana.

Amarte

Quiero amarte sin límites y sin rodeos.
Más allá de lo razonable, en el fuego y
en las fuentes, en las suaves noches y
en los fríos atardeceres.

Entre el fresco olor de las flores y
los lánguidos anocheceres.

No quiero amores convencionales...

Quiero amarte con la profunda
hondura de la muerte, para sentir
que aún sigo vivo.

Amarte para poder escribirte versos y
escribir versos para no dejar de amarte.

La montaña

Subido en la montaña rusa de mis dudas,
observo la realidad de los mundos posibles.

Me pregunto dónde está el fuego,
dónde está la caverna,
dónde las cadenas.
Si el mundo está al otro lado,
si vivo un sueño, una mentira o un engaño.

Puede que yo no sea más que
el sujeto de un pensamiento
que vive sujeto al mundo
por la fuerza gravitacional de los hechos.

Orbitando en mitad de la imperfecta creación
de un sistema que no perdona y condena.

Quizá sea la conciencia inadaptada
de un cuerpo adiestrado
o un verso que anda suelto
creyendo que camina en dirección contraria.

En todo caso, sólo dudas,
un mar de dudas
y mil preguntas sin respuesta.

¿Qué somos realmente?

La identidad es una matrícula con número y
[letra.
La existencia, la clave de acceso al ciberespacio.

Tienes contraseña..., luego existes.

A veces eres una firma digital,
otras, el código de barras de un expediente,
y otras, un simple avatar.

En el restaurante, en el súper o el bar,
eres un cliente, y en el hospital,
un sujeto paciente.

Somos a la vez, usuarios, pasajeros,
votantes y contribuyentes.

Somos tantas cosas,
que ya no sé qué somos realmente.

ÍNDICE

El espejo del tiempo
se terminó de imprimir en Madrid,
en marzo de 2024